Sarah Benzing

Möglichkeiten und Grenzen einer kunstpädagogischen Praxis von Gert Selle

GRIN Verlag

Bibliografische Information der Deutschen Nationalbibliothek:

Die Deutsche Bibliothek verzeichnet diese Publikation in der Deutschen National-
bibliografie; detaillierte bibliografische Daten sind im Internet über http://dnb.d-
nb.de/ abrufbar.

Impressum:

Copyright © 2013 GRIN Verlag GmbH
Druck und Bindung: Books on Demand GmbH, Norderstedt Germany
ISBN: 978-3-656-73369-0

Dieses Buch bei GRIN:

http://www.grin.com/de/e-book/279508/moeglichkeiten-und-grenzen-einer-kunst-
paedagogischen-praxis-von-gert-selle

Justus-Liebig Universität Gießen

Institut für Kunstpädagogik

PS Kunstdidaktische Positionen

WS 2012/2013

„Möglichkeiten und Grenzen einer kunstpädagogischen Praxis von Gert Selle."

Sarah Benzing

BA Kunstpädagogik/Germanistik

1.Semester

Frankfurt, 20.03.2013

<u>Inhaltsverzeichnis:</u>

1.Einleitung

Die Hausarbeit soll in einem ersten Schritt aus einer kunstpädagogischen Perspektive die Möglichkeiten von Gert Selles Konzept darlegen und zweitens der Kritik des wissenschaftlichen Diskurses um die didaktische Wertigkeit der Sinneserfahrung in der Kunsterziehung nachgehen. Als Material dient Gert Selles *„Gebrauch der Sinne (1988)"*. Zunächst wird exemplarisch eine kunstpädagogische Übungspraxis ausgewählt, welche die kunstpädagogische Arbeitsweise von Selle herausstellt, da sie alle Elemente, die Gert Selle in seiner Arbeit wichtig sind, vereinigt.

Zunächst wird der genaue Ablauf einer solchen Übungspraxis dargestellt, die einzelnen Arbeitsschritte und Arbeitsziele, sowie das Resultat der Übung und schlussendlich die Bilanz der Schüler. Im weiteren Verlauf der Hausarbeit werde ich mich kritisch mit der kunstpädagogischen Arbeit Selles auseinandersetzen und dazu unterschiedliche Meinungen aus der Ästhetischen Erziehung heranziehen und miteinander vergleichen. Abschließend soll ein Resümee gezogen werden, welches die wichtigsten Erkenntnisse dieser Hausarbeit zusammenfasst.

2. Vorstellung einer kunstdidaktischen Praxis von Gert Selle

In dem Praxisbeispiel „Ich glaube, jetzt bin ich bereit dazu zu stehen" von Gert Selle werden plastische Arbeiten aus Ton von 15 Teilnehmern über 11 Nachmittage verteilt verschieden bearbeitet, wobei sich die Übung in zwei Abschnitte unterteilen lässt. Die Phase der Vorübung dient der Einführung in das Material und das langsame Herantasten an die immer anspruchsvoller werdende Aufgabe des Aufbaus einer Großplastik, welche Inhalt der zweiten Phase ist. Selle weist in der Übersicht seines Praxisbeispiels darauf hin, dass den Schülern und Schülerinnen sowohl körperliche, psychische als auch geistige Anstrengungen während dieses Schaffungsprozesses voraus gehen: Körperliche bezüglich den technischen Schwierigkeiten im Umgang mit der Masse des Materials; Psychische aufgrund der Ungewissheit der Teilnehmer ob ihr Werk gelingt; Geistige angesichts den ausführlichen Gesprächen über persönlichen Erfahrungen, die ebenso Inhalt der Übung sind.

2.1.Übungsziele, Aufgaben, Arbeitsschritte

Zunächst bearbeiten die Schüler eine Handvoll Ton, den sie zusammenpressen sollen, um so ein Gespür für den notwendigen Kraftaufwand zum Formen des Materials zu bekommen. Selle bezeichnet dies auch als *„primären Zugriff"* oder *„Pressgriff"*.[1] Zum Vergleich erhalten die Teilnehmer Modellierwachs, welcher sich keineswegs nur durch reinen Kraftaufwand formen lässt, sondern durch die Wärme der Hände nach und nach beweglicher wird. Die Schüler reizt es auch mit dem Ton auf diese Weise zu experimentieren und erkennen, dass beide Materialien völlig unterschiedliche Elastizitäten und Qualitäten haben, die bei der Bearbeitung berücksichtigt werden müssen.

Im Anschluss beschäftigen dich die Teilnehmer mit einer Hohlhalbkugel aus Ton, die allein durch blindes Tasten und Formen geschaffen werden soll. Dabei sollen die Schüler versuchen so genau wie möglich dem Bild einer Hohlhalbkugel gerecht zu werden, ohne dabei die Augen zu öffnen. Zuvor wird die Form mit geschlossenen Augen und zunächst ohne Material *„vor(ge)fühlt"* und in den Raum gemalt.[2] Erst dann beginnt die Realisierung mit dem eigentlichen Material.

Gert Selle beschreibt die Übungsphase wie folgt:

> *„In solcher Vorübung konzentriert man sich auf eine antizipierende Realphantasie, die aus der Bewegung der Gliedmaßen, aus dem Zusammenspiel von Muskel-und Gelenksinn eine rotierende Formspur erfindet, die bereits den vorweggenommenen Duktus des späteren Formens erhält. Man wird dabei, solange man konzentriert übt, keine falsche Bewegung machen, sondern sich dem Fluss der umeinandergreifend -rotierenden Hände in einer rhythmischen Bewegtheit überlassen (…). Realisiert im Material ergibt diese Bewegtheit wiederum eine Art Urplastik im Wechsel von Greifen und Formen, Einschmiegen und Umfassen beider Hände."*[3]

---

[1] Selle 1988: S.109
[2] Vgl. Selle 1988: S.110
[3] Selle 1988: S.111

Eine weitere Herausforderung für die Schüler ist es eine Tonplastik von Kieselsteinen anzufertigen und dabei wieder nur allein auf ihren Tastsinn zu vertrauen, wobei Selle hier besonders hervorhebt, dass Formerinnerung und Materialwissen genauso zusammenspielen müssen, wie das blinde Formen und Vertrauen in die eigenen Hände. Mittlerweile sind die Teilnehmer mehr und mehr mit dem neuen Erfahrungsbereich und Wahrnehmungsprozess des blinden Schaffens vertraut und haben laut Selle ein verändertes „Körpervertrauen"[4], was ihn dazu veranlasst mit spielerischen Versuchen fortzuschreiten.

Die Aufgabe besteht darin, dass aus Tonklumpen *„(…) durch Quetschen, Pressen, Drücken und Verschieben von Masse <Köpfe> mit ständig wechselnden Ausdrucksqualitäten entstehen."*[5] Selle erhofft sich von diesem Versuch die Schüler von der zwanghaften Konzentration der vorigen Blindenübungen zu entlasten und den Wahrnehmungsbereich durch Augenkontrolle zu erweitern. Hier treten allerdings erhebliche Schwierigkeiten auf, denn heraus kommen herkömmliche Köpfe, die keineswegs durch freie Form- und Tastfertigkeit entstanden sind, sondern der erlernte Anpassungsprozess lässt die Schüler an konventionellen Bildern von Köpfen festhalten.

Selle fasst das Ergebnis dieser Übung wie folgt zusammen: *„Das Scheitern zeigt, daß die Tast- und Formfähigkeit noch nicht frei verfügbar sind. Die Rückführung auf ein konzentriertes, zugleich entlastendes Üben des Vertrauens in die von der Augenkontrolle entbundene Arbeit der Hände erweist sich als unumgänglich."*[6]

Um aus dieser fehlerhaften Erfahrung zu lernen, beginnen die Schüler nun ihr eigenes Gesicht blind zu ertasten und auf eine Tonplatte zu übertragen. Die Aufgabe wird von den Schülern sehr unterschiedlich empfunden und erweist sich als mühevoller als gedacht. Beispielsweise beschreibt die Schülerin Elisabeth Janssen den Prozess wie folgt:

„Ich hatte mit beiden Händen mein ganzes Gesicht gründlich abgefühlt- vorsichtig mit den Fingerkuppen immer wieder darüberfahrend- und glaubte gleich mit dem Plastizieren anfangen zu können, doch das Gefühlte wollte nicht so recht <in meine Finger hineinkommen>."[7]

---

[4] Selle 1988:S.113
[5] Ebd.
[6] Selle 1988: S.113
[7] Selle 1988:S.114

Eine andere Schülerin fühlt wie ihre Finder im Laufe des Prozesses *„kalt und steif"* werden und sie die *„Rundungen nicht mehr finden"* kann, die sie zuvor durch noch spüren konnte.[8]

Besonders enttäuscht sind die Teilnehmer als sie die Augen öffnen und ihre Arbeit begutachten dürfen. Die Erwartung dessen was sie sich vor ihrem inneren Auge vorgestellt und erfühlt hatten, stimmte in den meisten Fällen nicht mit dem tatsächlichen Bild der Plastik überein. Die Schülerin Elisabeth Janssen äußert sich dazu wie folgt: *„Und dann! Das sollte ich gemacht haben, so unfertig grob und unschön! Ich schwankte zwischen Lachen, Erstaunen und Enttäuschung."*[9]

Erst nach einiger Zeit können sich die Schüler nach und nach mehr mit ihrer Arbeit anfreunden und das anfängliche fremdartige Gefühl gegenüber der Plastik verfliegt zunehmend. Selle selbst beschreibt diesen Arbeitsprozess als äußert wichtig für die kommenden Aufgaben und sieht den Schock über die eigene Selbstdarstellung als Mittel, *„(…) den sicheren Pfad gesellschaftlich vermittelter Abbildtugend zu verlassen und sich in ungewohnten Deformationen einer anderen, expressiv-symbolischen Ähnlichkeit verpflichtet zu sehen (…)."*[10]

2.2. Die Großplastik

Nachdem die Schülerinnen und Schüler durch allerhand Vorübungen und Experimente mit dem Material Ton an Berührungshemmungen verloren haben, leitet Selle das eigentliche Thema *„Stehen"* ein. Hierbei ist die Arbeit mit Auge und Hand gewollt und beide Sinnesqualitäten werden nun vereint. Der Ton kann jetzt laut Selle *„(…) im Aufbauverfahren wie ein Gefäß zur Hohlform verarbeitet werden."*[11]

Dazu sollen die Teilnehmer zunächst eine kleine Hohlfigur (bis zu 50 cm) entwerfen und dabei die körperliche Erfahrung des Stehens nutzen, um sich an dieser für das spätere Aufbauen einer lebensgroßen Figur zu orientieren. Hier bemerkt Gert Selle, dass auch er nicht wisse, wie sich dieses Experiment entwickeln wird und gibt daher nur das Motiv

---

[8] Selle 1988:S.114
[9] Ebd.
[10] Vgl.Selle 1988:S.116
[11] Selle 1988:S.118

>Stehen< als Möglichkeit vor, um den Schülern ausreichend Freiheiten in der entstehenden Form zu lassen. Hierzu äußert sich Selle wie folgt:

> *„Mir schwebt vor, den Aufbauprozeß der großen Plastik wie ein Bauen an sich selbst erfahrbar zu machen- vom mühsamen Arbeiten an den Fundamenten bis zum Aufrichten und zum Gegenüberstehen(…). Es soll eine monumentale Figur entstehen, in der die eigene Erfahrung und Auffassung vom Stehen zum Ausdruck kommt."*[12]

Dabei ist es Selle völlig gleich, ob die Figuren den Trocknungsprozess überstehen, denn auch der Zerfall einer Plastik ist als Beobachtungserfahrung schätzenswert für alle Beteiligten und somit nimmt der künstlerische Prozess seinen Lauf.

2.3. Fazit der Schüler

Für die meisten der Schüler war das Plastizieren mit Ton eine völlig neues Erlebnis und eine überaus große Herausforderung. In verschiedenen Interviews erzählen die Teilnehmer von ihren Erfahrungen und den damit verbundenen Gefühlen. Viele schildern ein Wechselbad der Gefühle, dem Nicht Gelingen Wollen der Aufgabe und der damit verbundenen Frustration, körperlichen und geistigen Erschöpfung und Mutlosigkeit. Der hohe Kraftaufwand, um die großen Mengen an Ton zu formen lässt viele Schüler ermüden und die Arbeit entwickelt sich *„eher zu einem Kampf"*[13] voller Aggressionen. Dem gegenüber stehen jedoch ebenso Empfindungen wie Erstaunen und große Freude, sowie Spaß an der künstlerischen Arbeit.

Die Schüler berichten, dass sie ohne Denkprozesse tiefe Sinneserfahrungen erlebten und *„keinerlei bewusste Anweisungen"* mehr benötigten, wobei die Hände *„einfach so"* handelten.[14]

In diesem Sinne erlebte auch die Schülerin Elisabeth Janssen die Tonarbeit als fast meditative Praxis: *„Es war so intensiv, dass ich zeitweise meine Umgebung vergaß."*[15] Teilweise erinnern sich die Schüler nicht daran, was sie im Einzelnen gemacht haben, sondern befinden sich in einem so konzentrierten, fast schon rauschhaften und

---

[12] Selle 1988:S.124
[13] Selle 1988:S.139
[14] Selle 1988:S.134
[15] Ebd.

unkontrollierten Schaffungsprozess, der sie alles herum vergessen lässt und zurück bleibt *„ein Glücksgefühl"* [16].

Am Ende der 11 Nachmittage und dem Ergebnis vieler kleiner Tonarbeiten und der abschließenden Großplastik sind die Schüler zufrieden mit ihren Plastiken und können sich mit ihren Objekten identifizieren.

3. Kritische Auseinandersetzung

Die kunstpädagogische Arbeitsweise von Selle orientiert sich stark an dem in den 80er Jahren entstandenen Interesse an einer ganzheitlichen Wahrnehmung und dem Entfalten einer neuen Sinnlichkeit. Er kritisiert vor allem das schulische Bildungs- und Erziehungssystem, das seiner Ansicht nach zu sehr auf Lernziele fokussiert ist und dabei keinerlei *„Beihilfe zum ästhetischen Handeln und Selbstverstehen"* [17] leistet.

Selles kunstpädagogisches Konzept verbindet traditionelle Materialien und Techniken der bildenden Kunst mit damals fremdartigen Verfahrensweisen und strebt auf diese Weise bewusstseinserweiternde Erfahrungen und *„Transformation"* [18] im Einzelnen an.

Die neuartigen Vorgehensweisen von Gert Selle haben zweifellos auf die Kunstpädagogik Einfluss genommen, jedoch wird derzeit äußerst kontrovers debattiert. So ist Carl-Peter-Buschkühle der Ansicht, dass die Arbeit nach Selle dazu beiträgt den Geist vom Körper zu lösen und den schaffenden Mensch durchlässiger und effektiver für den künstlerischen Prozess zu machen.[19] Dagegen kritisiert Constanze Kirchner die fehlenden didaktischen Mittel und Vorstellungen und weist darauf hin, dass Selle keine konkreten Vorschläge für das unterrichtliche Geschehen bringt. Vielmehr beruhen laut Kirchner seine Ausführungen ausschließlich auf Erfahrungen mit studierenden Erwachsenen: *„Der Transfer zu Schulklassen unterschiedlicher Altersgruppen wird nicht thematisiert."* [20]

Selle wird daher vorgeworfen, dass er pädagogische Herangehensweisen für verschiedene Altersgruppen im Bezug auf den Schulunterricht ablehnt. Vielmehr schlägt

---

[16] Selle 1988:S.142
[17] Franke 2007: S.117
[18] Franke 2007: S. 119
[19] Buschkühle 1997 : S.386
[20] Kirchner 1999:S. 56

er vor den Kunstunterricht ganz aus dem Bezugsrahmen Schule herauszunehmen, was von der Kunstpädagogin Constanze Kirchner stark kritisiert wird: *„Mit Blick auf die Bedingungen und Strukturen von Schule kann es keine realistische Alternative im Schulalltag sein, die Kinder in einen „ästhetischen Zustand" zu versetzen, für den Zeitlosigkeit und Selbstvergessenheit Voraussetzung sind."*[21] Sie bemerkt weiterhin, dass es vielen Schülern überhaupt nur durch die Schule möglich ist in Berührung mit Kunst zu kommen und sieht *„didaktisches Denken"* als sinnvoll für Lernprozesse an, welche nicht unbedingt zu *„einer Verhackstückelung des Lernens"* führen müssen.[22]

Wichtigster Gegenspieler von Gert Selle im kunstpädagogischen Diskurs ist sicherlich Gunter Otto, der eine völlig kontrastierende Position einnimmt. Während Gunther Otto sich auf Ästhetische Erziehung bezieht, besteht Selle auf *„pädagogische Bescheidenheit"* und hält es für denkbar völlig auf Lernziele zu verzichten.[23] Dies jedoch weiter auszuführen würde den Rahmen dieser Arbeit sprengen. Dennoch gibt es auch andere Stimmen, die Selles Ansatz, der sich vielleicht nicht explizit pädagogisch greifen lässt, loben. Denn vielleicht liegt gerade in einer solchen Haltung *„ein Merkmal einer modernen, reflexiv gewordenen Pädagogik"*[24].

4.Resümee

Zusammenfassend ist festzuhalten, dass das Konzept Selles sicherlich umstritten und in der „klassischen" Kunsterziehung Aufsehen erregt hat, durchaus aber großes Potential für diejenigen bietet, die sich auf seine Methoden einlassen können. Bemerkenswert ist meiner Meinung nach mit welcher Intensität und Totalität die Schüler bei der Sache waren und wie individuell Selle sie betreut und gefordert hat. Ich sehe seinen kunstpädagogischen Ansatz als sehr wertvoll und brauchbar an und könnte es mir auch gut in etwas abgeänderter Form mit Schulklassen vorstellen. Sicher ist an dieser Stelle Kritik völlig angebracht, denn konkrete Lernziele, sowie ein alternatives Konzept für jüngere Schüler bietet Selle nicht. Interessant wäre es, vor diesem Hintergrund der

---

[21] Kirchner 2009:S.51
[22] Kirchner 2009:S.53
[23] Peez 2008 :S.71
[24] Kade/Nolda 2001:S.65

Frage, wie sich seine Arbeitsweise mit Schulklassen verhalten würde, nachzugehen, allerdings würde das nun den Rahmen dieser Arbeit sprengen.

Ziel der Arbeit war es die Möglichkeiten und Grenzen einer kunstpädagogischen Praxis von Selle aufzuzeigen, wobei ich beide Seiten in dieser kunstpädagogischen Debatte verstehen kann.

Zusammenfassend lässt sich sagen, dass trotz der gerechtfertigten Kritik die Möglichkeiten einer solchen Vorgehensweise, wie sie Gert Selle vorschlägt, für eine intensive Kunsterfahrung des Einzelnen enorm sind und meiner Meinung nach unbedingt mehr in die Schulen gehören sollte. Auch wenn dann andere Bewertungskriterien und didaktische Mittel zum Einsatz kommen müssten, ist der Ansatz von Selle ein sehr guter und sollte vor allem in den Schulen mehr Beachtung finden. Denn vielleicht liegt gerade in einer solchen Haltung *„ein Merkmal einer modernen, reflexiv gewordenen Pädagogik".*[25]

---

[25] Kade/Nolda 2001:S.65

<u>5.Literaturverzeichnis</u>

Buschkühle, Carl-Peter: Wärmezeit. Zur Kunst als Kunstpädagogik bei Joseph Beuys. Frankfurt/M.1997.

Franke, Annette: Aktuelle Konzeptionen der ästhetischen Erziehung. München: Martin Meidenbauer Verlagsbuchhandlung 2007.

Kade, Jochen/ Nolda, Sigrid: Pädagogik und Öffentlichkeit. In: Otto, Hans-Uwe/ Rauschenbach, Thomas/ Vogel, Peter (Hg.): Erziehungswissenschaft in Studium und Beruf. Band I: Politik und Gesellschaft. Opladen (Leske+Budrich) 2001, S. 57-70

Kirchner, Constanze: Kunstpädagogik für die Grundschule. Kempten: Klinkhardt 2009.

Kirchner, Constanze: Kinder und Kunst der Gegenwart. Zur Erfahrung mit zeitgenössischer Kunst in der Grundschule. Seelze 1999.

Peez, Georg: Einführung in die Kunstpädagogik.3.Aufl.Stuttgart:Kohlhammer 2008.

Selle, Gert: Gebrauch der Sinne. Eine kunstpädagogische Praxis. Hamburg: Rohwohlt Taschenbuch Verlag 1988.